I0822101

Todo sobre
los pandas
Candice Letkeman
EYEDISCOVER

Ve a **www.eyediscover.com** e ingresa el código único de este libro.

CÓDIGO DEL LIBRO

AVQ82458

EYEDISCOVER te trae libros mejorados por multimedia que apoyan el aprendizaje activo.

Published by AV2
276 5th Avenue, Suite 704 #917
New York, NY 10001
Website: www.eyediscover.com

Library of Congress Control Number: 2020951980

ISBN 978-1-7911-3537-9 (hardcover)

Printed in Guangzhou, China
1 2 3 4 5 6 7 8 9 0 25 24 23 22 21

012021
102520

English Editor: Katie Gillespie
Spanish Editor: Ana María Vidal
Designer: Mandy Christiansen
Spanish/English Translator: Translation Services USA

The publisher acknowledges Getty Images, iStock, Minden, and Shutterstock as the primary image suppliers for this title.

EYEDISCOVER proporciona contenido enriquecido, optimizado para el uso en tabletas, que complementa este libro. Los libros de EYEDISCOVER se esfuerzan por crear un aprendizaje inspirado e involucrar a las mentes jóvenes en una experiencia de aprendizaje total.

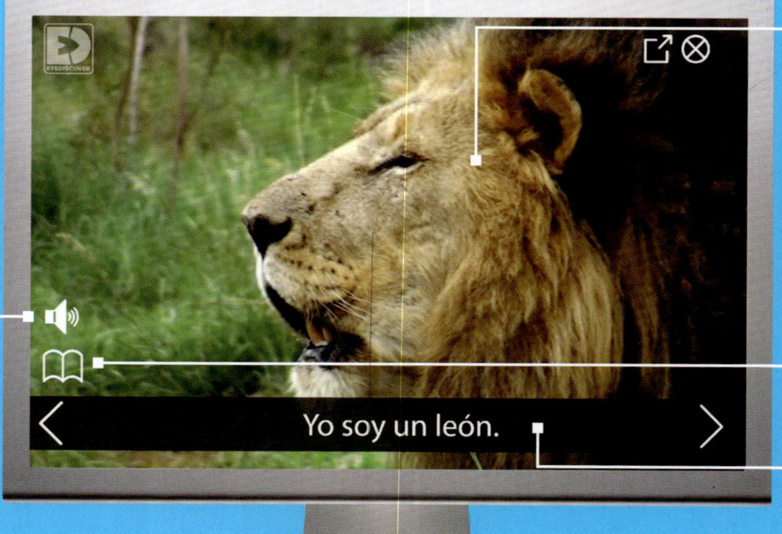

Mira
El contenido de video da vida a cada página.

Navega
Las miniaturas simplifican la navegación.

Lee
Sigue el texto en la pantalla.

Escucha
Escucha cada página leída en voz alta.

Tu EYEDISCOVER con Seguimiento de Lectura Óptico cobra vida con...

Audio
Escucha todo el libro leído en voz alta.

Video
Los videos de alta resolución convierten cada hoja en un seguimiento de lectura óptico.

OPTIMIZADO PARA
- ☑ TABLETAS
- ☑ PIZARRAS ELECTRÓNICAS
- ☑ COMPUTADORES
- ☑ ¡Y MUCHO MÁS!

Todo sobre
los pandas
En este libro aprenderás
• cómo son
• dónde viven
• qué comen
¡y mucho más!

Los pandas son mamíferos. Tienen la cara redonda y un grueso pelaje blanco y negro.

Los pandas viven en los bosques de bambú de China.

A los pandas les gusta estar solos.

Los pandas son buenos trepando árboles. A veces duermen en los árboles.

Los pandas son curiosos y juguetones. Pueden rodar y dar volteretas.

Los pandas bebés se llaman oseznos. Las mamás panda tienen un solo osezno por vez.

Los pandas comen bambú. Se sientan para comer y sostienen el bambú con sus patas delanteras.

El panda es uno de los animales más raros del mundo. Ya no quedan muchos en la naturaleza.

Los pandas necesitan bosques de bambú para estar felices y sanos. Podemos ayudar a los pandas cuidando el planeta.

Los pandas llegan a **crecer** hasta los **6 pies** (1,8 metros) **de largo.**

Actualmente, quedan **menos de 2.000 pandas** en el mundo.

Los pandas **pueden correr** a **11 millas por hora** (18 kilómetros por hora).

Los **pandas** comen
más de **30 libras** (13,6 kilogramos)
de bambú **por día.**

Los pandas **pesan** más de
220 libras
(100 kg).

Los pandas viven
unos **20 años**.

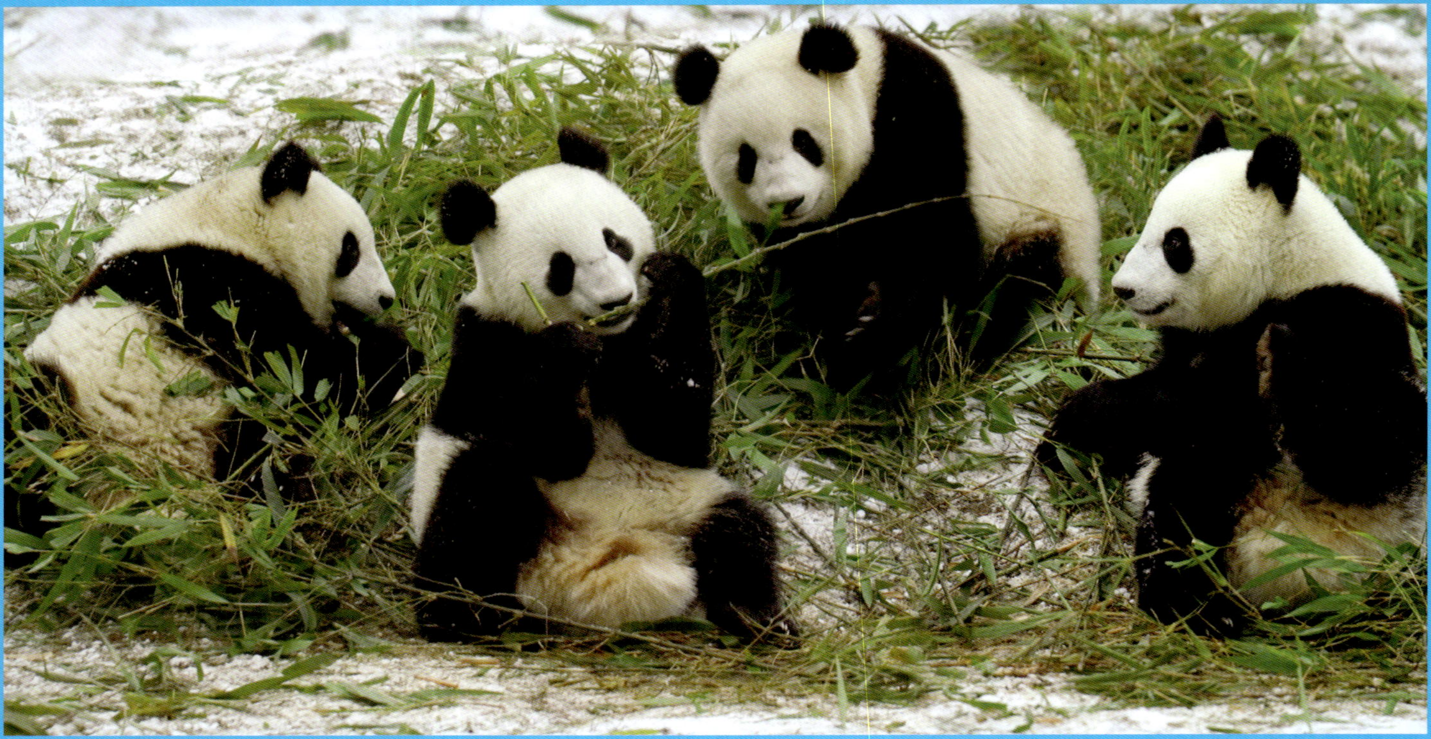

Mira
El contenido de video da vida a cada página.

Navega
Las miniaturas simplifican la navegación.

Lee
Sigue el texto en la pantalla.

Escucha
Escucha cada página leída en voz alta.

Ve a www.eyediscover.com e ingresa el código único de este libro.

CÓDIGO DEL LIBRO

AVQ82458